보들레르 알레르기

리토피아포에지 · 50
보들레르 알레르기

인쇄 2016. 9. 25 발행 2016. 9. 30
지은이 정남석 펴낸이 정기옥
펴낸곳 리토피아
출판등록 2006. 6. 15. 제2006-12호
주소 402-814 인천 남구 경인로 77
전화 032-883-5356 전송032-891-5356
홈페이지 www.litopia21.com 전자우편 litopia@hanmail.net

ISBN-978-89-6412-071-2 03810

값 9,000원

이 도서의 국립중앙도서관 출판예정도서목록(CIP)은 서지정보유통지원시스템 홈페이지(http://seoji.nl.go.kr)와 국가자료공동목록시스템(http://www.nl.go.kr/kolisnet)에서 이용하실 수 있습니다.(CIP제어번호: CIP2016022554)

정남석 시집

보들레르 알레르기

리토피아
LITERATURE & UTOPIA

시인의 말

아이의 살과 같이 신선하고, 오보에 소리처럼 감미로우며
초원처럼 푸른 향기들이 있다.

다른 향기들은 부패하고, 풍성하고 기氣 승하여
–보들레르의 시 교감 부분

자연 또는 타인과의 교감이 미학임을 보여준 보들레르,
자신에게는 분명 혹독한 순간이었을 세상, 그나마
자양분이 되어준 것이 '상징의 시학'이 아니었을까.

안개 구간을 지나다 보면
답답하다가도 벗어나고 싶지 않은 순간이 있다.
거기서 거기란 걸 알지만
안개등도 켜보고, 상향등도 켜보고, 와이퍼도 작동해
본다.
안개 구간을 빠져나오면 허전하고 싱겁다.

2016년 여름
정남석

차례

제1부 바람을 표절하다

제2부 낙화는 아프지 않다

제3부 가장 투명한 빨강

제4부 끝이 훤히 보이는 것은 골목이 아니다

| 제1부 |

바람을 표절하다

치명적 너그러움

섬은 겉으로 울면서 깊어지고 싶었다

됐어,
아직 숨겨진 흥분을 가라앉혀야 할 때
투명해지려는 분자 하나가 날숨인 혀를 밀면서
왼쪽 겨드랑이를 파고드는 것은 아무래도 좋다
격렬해지고 싶은 바람을 길게 이으면
뼈를 통과하지 못한 물이
몸을 살짝 빼기도 하면서
배꼽을 연결 할 수 있지
석문을 지그시 누르고 파문을 염려해서
가까워지다 멀어지는 호흡은 안타깝지만
물은 내일의 수평을 위한 안간힘이고
섬은 마지막까지 은둔할지 모른다
묶어둘수록 벗어나려는 시도는 간절하다

섬은 안으로 울면서 기대고 싶었다.

갈대

그날의 기분에 따라 대본은 수정 된다
익숙한 대사에 밑줄 긋는 바람

흔들림을 위해 소화불량에 걸렸거나
멀미약을 조금 먹어두었을 것이다

들키지 말고 비밀 한 조각을 떼어봐
약기운에 뼈 속이 비어갈 때
방황은 시작된 거야
뿌리는 괜찮다고 내버려 두라 했겠지

중독, 언제부터 반복이었을까
갈대는 아무것도 하기 싫어졌다
멀미에 녹초가 된 이후
생수에 레몬을 띄워주는 아르바이트를 구하겠지

낯선 친밀감이 힘줄을 당길 때

가만히 손금 위를 더듬어본 적 있지
습관을 친숙하게 받아들이는 달의 생각은 투명 했어
서쪽에는 동쪽을 가리키는 바람의 통로가 있었거든.

구석은 순진하지 않다

구석을 응시하자 구석은 슬며시 문을 닫는다.
문을 열고 닫는 일
경계를 알아가는 일조차 구석은 흥미로운 면이 없다.

막무가내로 열어야 할지
구차한 변명을 늘어놓아야 할지
수백 개의 얼굴로 문밖에서 안달했을 때
구석은 뒷소문을 알려주지 않았다.

염세주의와 허무주의 갈피에서
손때 묻은 고민을 하다가 하얀 백지를 내밀었을 때
구석은 뚜렷한 경계를 짚어주지 않았다.

비밀의 행간도 거기서 거기라고
빛의 방향이 좌우로 살짝 어긋날 때
구석은 본능적으로 반응하는 것이다.
〉

구석은 은밀함을 부둥켜안는다.

구석은 순진하지 않다.

그의 안부를 우편함에 넣었다

그와의 거리를 티스푼으로 젓는다
티스푼을 따라 가나안에서 잘 지낸다고,
다시 돌아오면 안 되냐며 잔을 감싸 쥐었다

어떻게 지냈어,
요단강을 건너 왔을 그를
놓치고 싶지 않아 첫 번째 리필을 했다

너무 힘들어,
서늘해지는 기억
밀어 내고 싶어 두 번째 리필을 했다

비우면 오고
채우면 사라지는
커피 잔 하나를 두고
바람은 황급히 돌아가는 연습을 했다
〉

턱을 받치고 있던 포인세라 잎이 툭 떨어진다
천천히 걸어 나와 잎을 우편함에 넣었다.

불면의 바다 괜찮은 걸까

파도는 미안한 사람들의 얼굴이다
고래의 혈통이 잠 못 이루는 바다의 미래
괜찮은 걸까

바다는 멀리서 볼 때 너그러이 일렁인다
등대의 외로움
그 빛으로 바다는 서두르지 않는다
파도를 잔인하게 기억한다면
바다를 오해하는 회로는 반복 될 것이다

불을 밝힌 조업은 멈추지 않는다
사람들은 항해를 계속해야만 한다고 생각한다
사람들이 저지른 바보 같은 짓 수백 개가 닻줄에 걸려있다

바다는 밤새 뒤척인다
세상이 눈 뜰 때까지 어질어질 할 것이다
파도는 미안한 사람들의 얼굴이다.

바람의 방향

한때 바람을 사랑이란 괄호 안에 넣었다.

바람은 함부로 은밀해지고 처절하면서도 말랑해 따로 저장해 둘 수 없었다.

언젠가는 익숙해지리라는 주문을 외면서, 가슴이 뜨겁지 않으면 삶의 의미가 없다며 여전히 뜨거운 가슴을 끌어안은 시간은 어쩌면 거짓이다.

버릇처럼 해본 사랑은 쉽고
해본 적이 없는 사랑은 어렵다.

수분이 많은 과즙은 사래들기 쉽다
스쳐가는 풍경에 입 맞추려 한 입술이었다면
환상의 쏘나타라 해두자.

머리카락은 기억을 못 한다
바람의 방향.

버림은 생성이다

희미한 불빛에 보는 눈은 가슴을 사과라고 여겼다. 사과의 반쪽은 잔영으로 남아 한쪽을 지켜주기 때문이다. 고래에게 젖을 먹이는 시기부터 낙과 위험이 있다는 걸 알았다. 수유를 포기한 꽃들은 바다 속 음성정보들을 공유했다. 멍울을 가진 오른쪽 정보들은 왼쪽으로 전이되지 않았다. 사과의 왼쪽은 오른쪽에도 빛이 빨리 돌아오길 바랐다. 똑똑한 의사는 사과나무아래 은색반사지를 깔아 사과가 골고루 붉어지도록 도왔다. 저녁에 먹는 사과가 독이 된다는 걸 알았다면 왕비는 사과에 독을 타지 않았을 것이다. 백설 공주를 기다리는 사람들은 휘파람을 불어주었다. 일곱 난장이가 돌아오면 상처를 도려낸 사과나무에 생기가 돌아 홍등이 켜질 것이다. 홍등이 켜진 밤에는 사과를 존중해야지.

팜므파탈

3분 기다려 문자 답장을 받았다
다음 답장이 또 3분 만에 왔다
세 번째 답은 7분을 기다려 받았다
이것이 여자들의 착각이다.

애태우기에는 5분은 짧고 10분은 길다
선덕선덕거리는 가슴으로 애가타서 죽어버려라
남자들은 친절한 거짓말을 믿는다.

만남은 점점 쉬운 것으로 다가온다
그냥 남 주기는 아깝고 가지긴 싫어 질질 시간만 끄는 경우
사랑할 수 있는 세포를 잃어버릴 수도 있다.

사랑하는 사람을 파멸시킬 것이냐,
아니면 파멸시켜야하는 사람을 사랑할 것이냐
이런 표현방식은 낯설다.

귀는 소라 쪽으로

소라의 소원은 노래를 불러보는 것이다
바람도 소라의 이야기 들으려 모래언덕에 모인다
사막에선 소라의 황홀한 진실을 들을 수 없다
사막은 모래가 소리들을 모아놓은 것이다
모래에는 소리가 붙어있다
소라는 모래를 꿈꾸게 했다
모래는 서로 발목을 잡고 소라에게 귀 기울인다
소리가 필요하다는 것을 소라는 모를 까닭이 없다
소라에 귀 기울이는 것보다
흩어지지 않는 노력이 중요하다
귀를 기울이는 것이 소라에 대한 존중이다.

바람을 표절하다

처음 입을 맞춘 바람은
찻잔을 홀짝이다가 성급하게 스토리를 결정했다

골목을 지지해주던 풍경도 슬그머니 어두워졌다

구석은 투명에 기대고 싶어 했다
골목을 서성거려본 바람은 안다

진심일거야
클립으로 연결되지 않는 바람
바람의 끈이 조금 모자랐을 때 표절을 떠올린다

어설피 알면
누구나 부풀리게 돼,
어떻게 처분 되나요 바람의 보푸라기.

미와 미플랫 사이의 음을 위한, D장조*

우리가 헤어지던 날
비가 왔잖아, 장난처럼

우리가 애틋해 보였는지 비가 끼어들었지
처마 밑에 떨어지는 빗방울이
미와 미플랫 사이의 어떤 음을 내고 있었어
음이 너무 불안하고 처연해서
네가 하는 이야기를 듣지 못했는데

미와 미플랫 사이
어떤 음과 음 사이를 오가는 스타카토였어

우리가 헤어져야하는 이유 같은 건 듣고 싶지 않았는지
빗방울은 D장조 2악장 라르고 연주에 집중 했어

오늘,
수도꼭지를 틀어 화분에 흠뻑 물을 주었어

물을 흠뻑 빨아들이고 난 뒤
조그만 틈으로 물이 떨어지는 데
그날 들었던 그 음이 나는 거야

어떤 노래를 들어도
어떤 음악을 들어도
끝내 들을 수 없는 소리일줄 알았는데.

* 이애경 에세이『나를 어디에 두고 온 걸까』본문내용 각색.

철골소심

뿌리는 속으로 어떤 생각의 여분을 모으는 중일까
어제도 오늘도 꽃은 피지 않았다

신아를 내미는 것도 아니면서
물기는
어떠어떠하다는 곡선을 떠올리게 한다

흐름을 떠올리는 건
흐름을 허락한다는 것이지만
그 힘 있는 그침을
풀이라고 해야 하나, 나무라 해야 하나

촉을 늘이지도 못하면서
줄기는
그날이 그날일거라 단정 짓는다

뿌리 다칠까 분갈이도 놓치고

배양의 시간 너무 오래다 싶다

물을 주는 방식이 틀린 것일까.

보도블럭

사랑, 참 다루기 어려운 부분이 있다. 그것은 나를 밟아버리기도 하고 그대를 넘어뜨리기도 하고, 사랑 그 자체를 사라지게도 한다. 한 번쯤은 삐딱하게 나대다가 거듭 상처만 남았을 것이다. 이 골목 저 골목 돌고 돌아서 그는 이윽고 알아차렸다. 사랑, 그는 길을 헤매지 않고 사랑이었음을 모른다. 사랑을 빼앗기지 않으려고 사방으로 마음의 무늬를 편다.

길고양이

고양이는 얌전한 부뚜막에 없다
고양이의 진실은 진실이 아니다
고양이는 서쪽으로 가면서 동쪽을 스캔 한다

고양이는 노랑민들레꽃을 슬쩍 밟는다
고양이 색력은 아무도 모른다
고양이는 높은 곳 어디든 기어오른다

불쑥불쑥 나타났다 슬며시 사라지는 고양이
수다의 여자는 고양이의 주파수에 귀 기울이지 않는다
방울을 달지 않는 주방은 고양이 라디오를 한가로이 켜둔다.

정말 느닷없을까

느닷없기에…… 가슴이 뛰었습니다.

30센티미터 거리를 두고 걷던 사람이 느닷없이 손잡아줄 때
마음이 한없이 작아지던 어느 날 말없이 등 뒤에서 안아주었을 때
마음을 보여줄 기색조차 없던 어느 순간 우리 연해할까 물어왔을 때
비가 추적추적 내리는 깜깜한 밤 문 앞에서 얼굴 보고 싶어 왔어 할 때
아무 생각 없는 사람처럼 무심한 얼굴로 툭 던져주는 한마디 사랑해,

정말 느닷없을까.

* 박애희작가의 글 「사랑할 때 이야기하는 것들」에서 편용.

못갖춘마디

조기 퇴출이란 새 악보를 받아든다
오선지는 잇단음표들로 빽빽하다
두 박자 쉬는 숨고르기
박자를 놓칠까 조마조마했다
흔들리는 반음 사이에서
다시 음역을 가다듬어가는 으뜸음
숨이 가빠도 건너 뛸 수 없는 마디
마디마디 목이 잠겨오는 버금 딸 린 음
불안 불안하던 소절은 도돌이표로 되 살아 난다.

그의 끝마디
그의 첫마디를 기다린다.

언저리

고양이 중심은 부뚜막
고양이 중심은 언저리다
무쇠가마솥 언저리가 고양이 중심이다
언저리는 얌전한 걸음을 받아준다
고양이는 언저리라고 생각이 들면 자리를 잡는다
언저리는 얌전한 고양이를 믿는다
얼마나 멀리 살금살금 돌아온 길인가
중심에서 멀어질수록 고양이 반응은 차갑다
부뚜막에 먼저 오른 고양이
사람들은 고양이를 핀잔한다.

요나 콤플렉스

—박송우 화백의 심상풍경, 「섬」

물감을 사주세요 아버지

그림은 그려서 무엇에다 쓰냐

아이는 바다에 돌을 던지기 시작했다
바다는 아이의 돌을 모두 쓸어갔다

아이는 섬을 떠났다
섬도 아이를 버렸다

아이는 섬을 그리기 시작했다
섬은 아이에게 바위로 돌아왔다.

손거울

손거울 속에서
그녀가 활짝 웃고 있다

거울 한쪽 입술이 빨갛고
눈 주변이 시퍼렇다

전신의 거울에서
자꾸 벗어나는 그녀

분내가 다르고
향이 다른 걸 모르는 손거울

거울의 바깥테두리
금장이 입혀져 있다.

그늘이 있는 담장

꽃잎은 겨우
유월의 담장을 기어 내려왔다
담배꽁초에 기대자
니코틴의 체온이 움찔한다
그의 투지는
가시 장벽을 뚫고
담장아래 매복중이다
담장 너머는
나치의 중대가 진을 치고
푸른 군가를 부르며 행진 중이다
서로의 살을 맞대고
총을 겨누고
메꽃처럼 허무한 표정을 지을 것이다
색이 바란 분홍이
꽁초의 안부를 들춘다.

| 제2부 |

낙화는 아프지 않다

팔랑 나비

깊은 밤을 지나온 듯, 먼 바다를 적시고온 듯, 푸르게 일렁이는 몸짓에 허공이 유린되고, 오직 순간에만 머무는 것들을 찾아 소유가 아닌 향유를 설파하는 자유혼. 다음 끼니를 위해 도시락을 싸거나 냉장고 같은데 저장하는 벌들을 무시한다.

허방을 더듬다 곤두박질 칠 때
겨드랑이쯤 날깃날깃 조각보 하나 가벼움에 대한 열망을 앓는다.

자연의 음계를 밟고 우주의 오선지를 오르내리는 춤 이란 기실 없었던 幻일뿐 그 사소한 파닥임으로 시를 쓰는 묵객이다.

나비 없는 꽃이 꽃이겠는가.

팔랑은 꿈이다, 팔랑은 멀미다.

舊制와 救濟

서로 걸쳤으므로 끌려오고 끌려간다.

올이 풀리지 않을 때
구제라는 단추를 채우기 마련
두둑한 배짱도 처음부터 새 옷을 입는 건 아니다
가슴을 드러내는 시간은 반드시 죽는다
오래된 시간을 여몄을 뿐인데, 울지 마라
마네킹은 스쳐 지나치며
밧줄을 당기면 되는 것이다
안달하지 마라
파도는 반드시 죽는다
손짓 몇 번에 돌아올 썰물도 아니다
밀물도 뭍에서 멀어지기 마련

서로 걸쳤으므로 끌려오고 끌려간다.

두꺼비집

아이는 두꺼비집을 자꾸 허문다
노을의 서쪽이 얼굴을 붉힌다
허물어지는 모래에는 물기가 없다
파도 한 움큼 끌어다 다시 성을 쌓는다
아이는 기둥이 튼튼해야 되는 걸 알았다
아버지는 제발 그만두라고 타이른다
허물어질수록 아이의 성은 두툼해졌다
아버지도 말 뿐이었던 마당 있는 집
마당 없는 두꺼비는 문을 열어주지 않았다
그러나 성은 파도에 쉽게 무너졌다
아이의 성은 어디에도 없었다.

낙화는 아프지 않다

우산을 접으며, 괜찮아
물의 가장자리는 아프지 않아

금요일 30분 늦게 도착한 서른의
붉은 머리핀

자음과 모음의
동요 한 소절, 랄 랄 라

이십년 후에도
똑 떨어지는 발바닥을 보여주고 싶어

살랑살랑
물기 마르는
마지막 행의
미끄러움 같은, 랄 랄 라.

친구 사용 설명서

야, 임마
밥 한 번 먹자

유효기간 30년

그래, 임마
돈 많이 벌어라

꿍꿍 대기 30년.

톨스토이 증후군

톨스토이는 사유재산을 부정하고 농민계몽에 힘쓰는 금욕주의자로 변신했습니다. 소설도 그만 쓰고 농부가 되어 직접 밭을 갈았습니다. 그녀는 남편이 재산을 모두 버리려는 데는 불만을 나타냈지만 남편이 추구하는 이상을 충분히 이해했습니다. 그럼에도 여자란 남자를 유혹하는 존재, 성적 사랑밖에 모르는 속물이라며 소피아에게 형제처럼 살 것을 강요해놓고 스스로 약속을 깨뜨리곤 했습니다.

톨스토이는 바람둥이로 이미 사생아를 가지고 있었습니다

그의 많은 작품들이 아내의 손을 거쳐 태어났습니다

육아, 출산, 교정, 정서, 아내는 하루에 다섯 시간 넘게 자본 적이 없습니다

두 사람은 서로의 마음에 상처내기를 거듭했습니다

톨스토이는 극비리에 유언장을 새로 만들었습니다

작품의 저작권을 모두 막내딸에게 준다는 내용이었습니다

〉

"아내가 나와 집안을 완전히 망치고 있다"
이 말을 남기고 집을 뛰쳐나간 건 사실 잘못입니다

어느 시골 기차역에서 세상을 떠난 후
소피아는 세상에 둘도 없는 악처로 사람들의 뇌리에 남았지만
『전쟁과 평화』, 『안나 카레니나』 등 소피아의 손을 거쳐 태어났습니다

사실 나의 아내도 악처는 아닙니다.

길은 꽃밭으로 연결 된다

1.

기다리는 건 파란불인데 계속해서 빨간불을 보고 있다

이정표를 읽을 줄 아는 사람은 다음신호를 기다리지 않는다

파란불은 그냥 스쳐지나간다

향수 샤넬 5호를 떠올리는 사이 파란불의 점멸은 아쉽다.

2.

극심한 정체 구간에서 꽃들이 끼어든다

경로를 이탈할 수 없을 때 페달을 밟을수록 꽃들이 반발한다

신작로 양옆으로 반기는 코스모스를 꺾었을 때

제무시트럭 한대는 흙먼지를 뒤집어쓰고 간다.

3.

회전구간의 꽃들도 관절이 아파오는지 느릿느릿 핀다

익숙한 안부에는 향기가 없다

기차에서 책을 펴든 남자는 꽃을 검색하는 버릇이 있다
내 또래 친구들은 익숙한 꽃을 좋아한다.

까뮈의 창 읽기

벽들 사이에 갇혀서 사내는 숨이 막힐 지경이다
햇살에 달구어진 오후를 유리창은 토막을 내고 있다
안락의자에 앉아있는 어머니도 격자무늬가 된다
어머니 = 여자라는 부동의 등식도 조각이 나 있다
무관심으로 걸터앉은 창살에 연민의 시선이 집중 된다
한낮의 햇살이 부담스러운 장미는 검게 흔들린다
흔들리는 순간엔 모든 이방인을 애인으로 착각 한다
뫼르소, 그가 투영된 세상에 또 한 번 애착을 느낀다
머지않아 발각될 이름들 사이로 그가 나타났다 사라진다
사내는 벽이라는 감각의 햇살에 총을 겨눈다
안과 밖이 한순간 사라진다.

낙숫물 소리에 빠지다

소리는 어떤 입술을 가졌을까요
일정한 거리를 두고 그는 서두르지 않았다
우리는 언제부터 단순한 반복에 길들여 왔을까

서로의 애틋한 공터에서
서로를 끌어당기고 있는 물방울들
소리는 제 아픔인줄 모르고 부서지는 몸을 염려했다

소리의 알갱이들이 어떻게 숨죽여 왔는지
소리는 소리의 끝까지 가보자는 눈치였다

바닥을 보인 세포까지 감전시키고 모자란 전류는
가장 느리고 가장 엉망인 폭발을 기다렸다.

통섭의 식탁

웬 장미니,
예뻐서 꺾어 왔어요.
꽃병에 꽂아 두려므나.

어머니 꽃병에 물을 채웠다.

어서 밥이나 먹어라.
입맛이 없어요.
일이 잘 안 풀린 게로구나.

화병의 꽃잎도 시무룩하다.

꽃잎이 왜 검어지는 거죠.
장미도 입맛을 잃었을 게다

일이 끊기니 너도 입맛을 잃지 않니
다시는 꺾지 마라.

풍경으로 눕다

—김영갑

그는 바람이었다
오름에 삼각대하나 세워두고
그는 없었다

삽시간 우주의 황홀 속으로 걸어갔다

그가 인화한 풍경에 귀 기울인다
억새풀 언덕, 유채꽃 노랑 흔들림
그는 다시 뿌리를 내렸다

그러나 그는 없었다
그를 다시 불러 세운다
바람뿐이었다.

비문증飛蚊症*

모두 헛손질이었다는 걸 나중에 알았다
치료는 안 되고, 평생 데리고 사셔야합니다

처음 의사가 비문증이라고 했을 때
어미 한 마리 새끼 두 마리
내 눈에 둥지를 틀고 살기 시작한 벌레들이다
어미는 몸집이 작지만 새끼를 난 후로 소리가 크다
어미와 새끼들의 날개는 환상環狀 형태로 움직인다
위를 보면 위에 있고, 아래를 보면 아래에서
시선의 방향을 먼저 감지한다
아주 가끔 이들이 보이지 않을 때가 있다
눈앞에 안보일 때는 잠깐 속이 후련하지만
용케도 제집을 찾아 돌아온다
마음을 편히 가지려고 하지만 그 때가 언제쯤일지
모시고 사는 게 아니라 데리고 살라 하니 그것만도 다행이
다
〉

날아다니는 수가 지금 보다 몇 배 늘어나면

그 때는 반드시 병원에 오셔야합니다.

* 비문증 : 하늘이나 흰 면, 밝은 면을 볼 때, 시야에 작은 점 같은 것이 보여 마치 눈앞에 모기가 날아다니는 것처럼 느껴지는 증상.

수수꽃다리

그의 봄은 발칸반도에서 왔고
나의 첫사랑은 조선조 말엽에 태어났다
그는 봄을 까맣게 잊었을지도 모른다
그는 대학 1학년 때 미팅 파트너였다
대여섯 번 만나는데 4년이 걸렸다
인물은 훤한데 여자 친구 하나 없었다
물론 그의 축제 파트너는 여전히 나였다
다음해에도, 그 다음해에도
그는 라일락나무 아래에서 기다리고 있었다
예나 지금이나 쌀쌀한 나는 그를 매번 돌려보냈다
향기는 달콤하나 꽃잎을 씹으면 너무나 쓰다고
그의 봄은 가지를 흔들어 아양을 떨었다
나의 향기는 사방으로 흩어지고 있었다
그는 하얀 악수를 건네고 돌아갔다
봄은 되풀이해서 발칸반도로 연결된다.

노인과 꼬마*

암 선고를 받은 뒤부터 할아버지는 난폭해지기 시작했다
가족들은 물론 주변 사람들에게 욕을 하고 싸움을 걸었다
의사와 간호사들에게 까지 난폭한 행동을 서슴지 않았다

어느 날 할아버지와 가끔 만나던 동네꼬마가 병문안을 왔다
가족들은 걱정했지만 아이는 웃는 모습으로 병실을 나왔다
다음날도 그 다음날도 꼬마는 할아버지와 시간을 함께했다
그렇게 며칠이 지나자 할아버지의 태도가 180도 달라졌다
사람들과 자연스레 어울렸으며 대화도 부드럽게 나누었다
할아버지의 변화에 놀란 가족들이 꼬마에게 물었다.

할아버지와 도대체 무슨 이야기를 한 거니.
꼬마가 해맑은 얼굴로 대답했다.
아무 이야기도 하지 않았는데요.
전 그냥 할아버지가 우시기에 같이 울었을 뿐이에요.

* 인터넷에 실린 아름다운 이야기를 각색.

꾀꼬리가 탈락했다

푸른 유월은 짝짓기 계절입니다
짝을 찾는 소리가 시끌시끌합니다

여자 1호는 성악을 전공한 꾀꼬리입니다
목소리도 예쁘고 노란 옷이 매력적입니다

남자들이 도시락을 들고 기다립니다
건축학도 앞에서 망설이던 여자 1호는
곤충학도 남자 2호를 선택합니다
박사논문 준비 중이라 했습니다
그 옆으로 여자 2호가 다가옵니다
여자 2호의 눈가 애교가 살굿빛입니다

이번에는 여자들이 도시락을 들고 기다립니다
곤충학도 남자 2호는 여자 2호 곁으로 갑니다
여자 2호는 수줍은 척 눈웃음을 던집니다
남자 3호도 여자 2호 눈빛 애교에 끌려갑니다

건축학도 남자 1호는 여자 3호 곁으로 가서
집을 예쁘게 꾸몄다고 말합니다

여자 1호는 혼자 밥을 먹습니다
교회당 지붕위로 비둘기들이 모여 고개를 갸우뚱 거립니다.

원시반본原始返本

그녀의 하루는 거울에서 시작된다
희끗희끗해지는 흰머리를 세다가
검은머리가 구매하고 싶어졌다
매장의 대형 거울은 그녀의 몸매부터 검색한다
매장의 풍경과 구별되는
그녀의 허리는 마네킹에 집착한다
아무 상표나 척척 걸쳐도 어울리던 시절이
자꾸만 발목을 잡았다
그동안 헐렁하게 껴입고 있던 시간을
벗어 던지지 못하고 걸음을 돌린다
여기가 어디든 곧장 떠나고 싶어졌다
복잡한 승강기를 피해 비상계단을 택했다
귀로를 지키는 비상구는 얼마나 궁색 한가
비상구는 꽃이 없는 봄밤이다.

백목련

그녀는 언제나 문밖에 있었다
길게 목을 늘이고 내 안을 기웃거렸다
커튼을 쳐둔 아내의 문은 며칠씩 열리지 않았다
그럴수록 밖이 궁금했다
아내에게 향기가 들키던 날
꽃잎을 따대는 아내의 눈빛을 보았다
몇몇 가지는 아내의 칼날에 떨어져 나갔다
상처를 입지 않은 가지는 잎이 무성한 그늘을 만들었다
바람 그 괜한 다툼에 휘말리고 싶지 않은 간격 이었다
남들보다 일찍 꽃망울을 터뜨렸으나
그녀는 열매를 달지 않았다.

자목련

사월은 너에게 달렸다
북쪽을 바라보며 피는 사랑은 짧은 것이다
은은하면서도 화려한 자태는 오랜 기다림이다
멀수록 더욱 맑은 너의 향기에 나는
수줍은 빛 노크를 하고 물러났다
잎은 생각보다 빨리 푸른 세상을 만들어
다행이란 느낌의 그늘을 만들었다
가지에서 목소리 높이다가 간 새들
그 지저귐의 색깔을 밤마다 떠올린다
나란히 포옹이 빛났던 사월
사월은 사실 나에게 달렸다.

오르골 인형

안토니에 파브르로는
18세기 스위스 제네바의 시계장인 이었다
그가 나의 태엽을 감은 거다
쏟아지던 업무들이 차츰 줄어들었다
퇴근 무렵부터 시계탑의 주변을 맴돌기 시작했다
지친 아이들은 여기저기 흩어져 잠이 들었었다
크고 무거운 오르골에서 차츰 작아진 오르골을 떠올렸다
처음 회전하는 동안은 박수갈채도 받았다
오르골은 속도· 박자 정확한 음계를 가지고 있었다
한번 새겨진 음계 판은 조정이 어렵다 한다
바닥을 튕기며 내는 소리를 자명악이라 했다
처음 누군들 오르골에 반하지 않았겠는가
내일도 오늘일 것이 분명하다.

말뚝

나는 여전히 말뚝에 묶여 있었고
봉선이는 은빛 꼬리를 흔들며 나타났다
말뚝의 고리를 풀고 봉선이의 뒤를 쫓아갔다
봉선이 꼬리는 들꽃 향기에 젖어 있었다
들꽃은 지천에 널려 있었다
그러다가 돌아온 날은 양은냄비의 밥이 싫었다
고리 푸는 법이 익숙해지고 단풍놀이까지 좋았다
더 굵은 쇠줄에 묶이고 겨울이 빨리 다가왔다
쌓인 눈 위로 배를 끌며 나타난 봉선이
얼어붙은 말뚝은 꿈적도 안했다
만삭인 달이 봉선일 배웅하고 있었다.

| 제3부 |

가장 투명한 빨강

백가쟁명百家爭鳴*

한날한시에 우리는 빛을 만난다
산과 바다도 서로 뜨거운 악수를 한다
마침내 세상이 따뜻한 이웃이 되는 거다

한날한시에 우리는 사람을 만난다
나무에 오르거나 깃발을 들고 서로 힘겨루기를 한다
마침내 우리가 똑같은 흔들림을 기억하게 된다

한 날 한 시에 우리는 차를 마신다
커피와 우롱차를 마시며 서로 향이 좋다고 얘기를 한다
마침내 우리의 향은 사라진다는 걸 알게 된다

한날한시에 우리는 투표를 한다
임기 내에 공약을 실천하겠다고 주먹을 불끈 쥔다
마침내 우리가 그래도 소용없는 걸 알게 된다.

* 백가쟁명百家爭鳴 : 여러 사람이 서로 자기自己 주장主張을 내세우는 일.

자음과 모음

가동 301호가 나동 302호를 따라 나섭니다
모음은 모음끼리 자음은 자음끼리 산에 오릅니다
모음 자음, 자음 모음이 앞서거니 뒤서거니
자음은 말수가 적어지고 모음은 얼굴에 화색이 돕니다
자음은 목이 마를수록 모음이 생각나고
모음은 숨이 차오를수록 자음 생각이 납니다
잡은 손이 하나 둘 바뀌고 소란은 은밀해 집니다
서로 힐끔힐끔 곁눈질한 단락이 마무리 됩니다
끝 문장에서는 모두의 생각이 가지런해 집니다
대부분 바르게 읽히는 것을 원칙으로 합니다
마침표 앞에서 자음은 모음을 껴안습니다
국경을 넘어 떠있는 별이 빛나는 밤입니다.

시뮬라크르*

적막은 헌 옷을 걸치고 긴 복도 끝으로
뒤축이 닳은 발자국 소리를 기다린다
현관에는 여전히 빈 우유 통이 걸려있다
여자와 두 아이의 소란, 한 무더기 지나가고
어느새 열두시가 훌쩍 넘어가고 있다
오래 머무를 수 있는 건 술기운 때문이 아니다
그와 내가 같은 시각에 나란히 할 수 있는 일은 없다
친구의 충고를 무시한 날은 후회의 끝이 선명했다
그 집 불빛에서 한 가닥 위안이 새어 나온다
완전하기 위해 손을 잡아도 되는 거리는 없다
그와 부딪친 적이 없으므로 본 것도 아니다
그의 아파트에 갔었다.

* 시뮬라크르simulacre : 시늉, 흉내, 모의模擬의 뜻을 나타내며, 실재로 존재하지 않지만 존재하는 것처럼, 때로는 존재하는 것보다 더 실재처럼 인식되는 대체물을 말한다.

리모델링

와이프 친구가 리모델링을 했다
어떻게 예뻐졌는지 궁금해 죽겠다
섞여 살지 않는 집이라 확인할 방법이 없다
입주한지 30년 우리집
갱년기 문도 삐걱거리고,
와이프는 어설픈 동작으로 새로운 구조를 설명하지만
그래서 어떻데 하고 물어볼 수 없다
길을 가다가도 예쁜 집이 보이면 내부를 떠올린다
인테리어간판만 봐도 그 집이 떠오른다.

담쟁이

나의 선택은 직진이다.

빈둥거리는 곡선이 싫어 절벽을 기어오른다.

흡착을 허락하지 않는 세상의 반이 인공절벽이다.

울퉁불퉁하지 않은 집착이 오르지 못 할 벽은 없다.

나는 끝내 암벽의 통증을 제압한다.

바람을 막아주는 성질은 따뜻하며 독이 없다.

한바탕 장대비를 퍼붓고 속이 후련해 가는 구름도 직진이다.

나의 일방통행은 무죄이다.

아지랑이

오늘은 조금 멀리 갔어요
지난해 보아둔 감나무가 있거든요
거기 가서 얘기하고 가지 몇 개를 잘라 왔어요
절단 부위를 랩으로 감고 신문지에 싸서 냉장고에 넣었어요
몇 그루 감나무를 만들 것이라는 말에 아이들이 좋아 합니다
아이들도 그 감나무의 감을 맛본 적 있거든요
어른 주먹보다 큰 하트 모양 감이 아이들은 꽤나 인상적이었나 봅니다
시골집 고욤나무가 몇 그루는 됩니다
고욤나무를 베어내고 접붙일 예정입니다
감은 해거리를 하거든요
한해는 많이 달리고 다음해엔 안 달리고
더불어 사는 시대에는 사실 중요하잖아요
나누라고 하면 아이들은 계산으로 나누고 어른은 정으로 나눕니다

아이들은 정해주는 걸 좋아하지만
감나무에는 이름표를 붙이지 않기로 했죠
누구 것은 안 달리고 누구 것은 많이 달리면 안 되잖아요.

나비는 떠나기 싫어 날개를 적시었다

여수 밤바다는 붉은 동백이다
동백을 찾아 호랑나비 한 마리 떴다
박자 맞추기 힘든 세상
팡파르 대가로 꽃잎을 바친다
오동은 이리 저리 출렁이다
부르스 타임을 입력한다
바람의 손을 잡아주는 꽃잎
반 박자 느린 스텝의 나비
모든 꽃잎의 팡파르를 위해
여수 바다는 불을 꺼둔다
불이 꺼지지 않는 바다
나비는 동백을 떠나기 싫어 날개를 적시었다.

함박눈

장례가 시작되는 날부터 백년 묵은 함박눈이 내렸다. 대한제국의 하늘에서, 일제강점기의 땅속에서, 임시정부의 깃발에서, 4.19의 묘역과 5.18 거리에서 뭉쳐지던 눈이었다. 백육년의 세월을 담은 납골함이 파라다이스공원의 눈밭을 오른다. 밟힌 눈들은 굳은 결의로 빙판을 이루었다. 비탈의 검은 침묵도 백년의 시간을 떠받치다가 층층 계단을 만들어 하나하나 검은 행렬을 검색한다. 대한제국 무신 생 풍양 조씨 '아이고 어머니 조금만 더 사시지' 팔순이 다 된 딸의 걸음이 얼어붙는다. 스스로 함박눈의 포로가 되어 흩어지지 않으려는 검은 행렬, 검은 행렬을 따라 바람도 어기적어기적 걷는다.

김유정의 동백꽃에 대한 긍정

봄 감자가 맛있단다
계집애가 요새로 들어서 고렇게 아르릉 거리는지 모른다
느 집엔 이거 없지
더운 김이 확 끼치는 굵은 감자 세 개가 손에 뿌듯이 쥐였다
그 감자를 도로 어깨 너머로 쑥 밀어 버렸다
우리 수탉이 막 쫓기었다
아니나다르랴 두 놈이 또 얼리었다
닭은 날갯죽지만 푸드득 푸드득하고 할뿐으로
제대로 한 번 쪼아 보지도 못한다
너 이담부턴 안 그럴 테냐
그래 하고 무턱대고 얼리었다
요담부터 또 그래 봐라
내 자꾸 못살게 굴 테니
뭣에 떠다 밀렸는지 나의 어깨를 짚은 채 그대로 퍽 쓰러진다
그 바람에 나의 몸뚱이도 겹쳐서 쓰러지며

한창 피어 퍼드러진 노란 동백꽃 속으로 폭 파묻혀 버렸다

알싸한, 그리고 향긋한 그 냄새에 나는 땅이 꺼지는 듯이 온 정신이 고만 아찔하였다

너 말 마라

겁을 잔뜩 집어먹고 꽃 밑을 살금살금 기어서 산 알로 내려간 다음

나는 바위를 끼고 엉금엉금 기어서 산 위로 치빼지 않을 수 없었다.

김유정의 동백꽃에 대한 부정

등 뒤에서 푸드득 하고 닭의 횃소리가 야단이다
깜짝 놀라서 고개를 돌려보니 아니나다르랴 두 놈이 또 얼리었다
고 놈의 계집애가 요새 들어서 왜 나를 못 먹겠다고 고렇게 아르릉 거리는지 모른다

'너 주려고 몰래 가지고 나왔어'
'늬집엔 이거 없지'
먹고 먹어도 배가 고플 나이 아닌가

'너 혼자만 하니'
그럼 혼자 하지 떼루 하듸'
긴치 않는 수작을 하는 것이다

'너 하기 좋니'
'응'
뭐가 그런지도 모르고 응응 대답했다

〉

'요담부터 또 그래 봐라, 내 자꾸 못살게 굴 테니'

한창 피어 퍼드러진 노란 동백꽃 속으로
나는 어깨를 짚은 채 그대로 픽 쓰러진다
노란동백은 알싸한 생강나무, 그리고 향긋한 그 냄새에
고만 아찔하였다.

손돌목 · 6

풍경이 열리는 시간은 새로운 소용돌이
뒤돌아 흐르지 못하는 시간과
한곳으로 흐르지 못하는 강
새벽 다음에 오는 새벽은 새벽이 아니다

아우슈비츠의 그 서늘한 십 개월
파시즘에 저항하던 프리모 레비*
침몰이 예고된 상황에서 그는 저항하지 않았고
지옥의 소용돌이 벗어나려 매달리지 않았다

그는 다만 살아야하는지 모르고
흐르는 강에 몸을 맡겼을 뿐이다
매달리면 매달릴수록 배는 나아가지 못한다.

* 프리모 레비Primo Michele Levi 유대계 이탈리아 화학자이자 작가. 아우슈비츠 생존자로서의 경험을 쓴 『이것이 인간인가』가 대표작이다.

손돌목 · 7

배를 타세요, 아버지
섬으로 모셔다 드릴께요
뱃길을 훤히 알고 있습니다
임금님도 태웠습니다

소용돌이 같은 건 없습니다
저만큼 길을 잘 아는 이는 없습니다
비바람 한 차례 불어오면 파도가 거세집니다
아버지도 짐을 하나씩 버려야 합니다

갈팡질팡하는 배들 거들떠보지 마세요
그들은 멀리 돌아가는 중입니다
섬이 보이나요, 아버지

안개가 속눈을 뜨기 위해 몸부림치는 중입니다
걱정 마세요, 아버지
뱃길의 물은 마르지 않을 테니까요.

손돌목 · 8

풀아 너의 발목을 잡은 바람이었어도 모른 척 하자
우리는 우리의 얼룩을 밟고 넘어질 수 없다.

타고난 손금인줄만 알아
틈이 멀어지는 균열을 지켜만 보았다.

우리의 손목은 손돌바람을 이겨 내야한다
우리는 우리의 손으로 노를 저어야한다.

새벽을 관통하는 동안
다 같이
횃불을 활 활 달구지 말자.

고추잠자리

고추밭은 두 번째 언덕배기에 있었다
급한 성격이 아니었으면 겨울 잠자리는 따뜻했다

구름도 한가로운 정오를 건너고
하늘은 신호등 켜는 것을 깜빡했다
거미줄은 교차로에서 고추잠자리를 기다렸다

실습은 한 번으로 끝이 났다
성급한 유전자들은 뿔뿔이 흩어졌다

거미의 행방이 묘연했다
고추말뚝은 곧바로 수소문에 들어갔다

가장 위험한 곳도 하늘이고
가장 불안한 곳도 땅이었다.

보들레르 알레르기

시인의 칭호를 얻은 그는 여자에게 빠졌다
끝없는 반항과 모험의지에 취한 절망의 어머니
시를 사랑했으므로 어머니는 재혼을 했다
그의 유전적 항체는 상징주의 기호를 가졌다
모든 애정과 증오는 시를 통해서 교감했다
아버지의 문장 서술부분은 시에 의해서 생략됐다
시적 행간은 순수한 거짓말들로 어리둥절했다
가을의 일방적 초대에 그는 반응하지 않았다
색과 소리와 향기들, 언어에서 권태로움은 시작됐다
베를렌느, 랭보, 말라르메도 완벽하게 몰랐다

우울은 꽃들 속에서 빈틈없이 부풀어 올랐다.

미루나무

얘야, 꽉 붙들어라

비로소 아버지의 나무도 흔들렸다
바람은 바람을 몰고 왔다
잎이 많아서 뿌리는 걱정이 많았다
바람은 나무의 복원능력을 시험한 것은 아니었다
가지 몇 개가 바람에 떨어져 나갔다
새들도 차츰 발걸음을 끊고
남은 가지는 어금니를 깨물었다
새순이 돋기 전에 잎은 마르기 시작했다
결코 안전하지 않은 흔들림
높으면 높을수록 파장은 컸다

얘야, 어서 내려와라.

바람은 직진이다

자작나무 잎을 하얗게 뒤집어놓고 갑니다
뒤집힌 잎은 그가 돌아오기를 기다립니다
유리창은 종일 은빛으로 열려 있습니다
그는 안으로 들어오지 않았습니다
투명함을 알기 때문입니다
직진밖에 모르는 바람입니다
벽에 부딪치는 바람은 심술이 장난 아닙니다
이따금씩 오는 바람은 꽃가루가 묻어옵니다
뒤 따라 오는 바람은 영문도 모르는 바람입니다
바람의 방향은 쉽게 틀어지지 않습니다
바람은 직진입니다.

애원하는 여인

—까미유 끌로텔

시간은 안타까운 족보를 갖고 있다
고통은 끊임없이 나에게 신호를 보낸다
모든 장애의 축은 검은 지옥으로 통한다
나의 욕망은 숨이 멎은 후에도 자란다
그가 착하게 밥을 먹는다
나는 텅 빈 눈빛이다
그가 내 어깨를 쓰다듬었다
나는 홀로 떠나지 못한다
그도 세상 끝으로 가고 있다
그를 천천히 기다린다
나는 행복한 입술을 다문다
그는 후회하지 않는다고 말한다
나는 가장 슬픈 표정을 짓는다
그와 나의 영혼은 오직 수평이다.

사랑 또는 매혹의 방정식

그것은 다랑논 물고임 같아서 언제 증발할지 모르지
그것은 가지 끝 홍시 같아서 언제 떨어질지 모르지

여름은 위기의 계절이고 그들 중 하나는 우기를 만나지, 우성인자를 가진 열매들은 독한 가루약이 묻은 손으로 가지를 놓지 못하지. 둑의 주인은 물꼬 트는 시기를 알아야 한다네. 무리수의 성질을 가진 뿌리는 가지를 뻗을 수 있는 한 가보는 것인데, 이웃 담을 넘보는 버릇은 언제나 떨떠름하지. 오답을 척척 써내려가는 꿈은 연산이 그릇됨을 모르네.

미지수 x의 값에 따라
그것은 참이 되기도 하고
거짓이 되기도 하는 등식이지.

가장 투명한 빨강*

바람이 산들산들
봄날의 저녁을 달래고 있었다
풀잎들이 차례차례 긴장을 풀었다
새벽까지는 이슬을 만들 수 있을 거야
속삭임을 나란히 바람에게 들킬지 몰라
마구 아른대는 곡선들 앞에서 숨소리를 줄였다
방울을 다는 일은 쓰러질 듯 미우면서도 아팠다
숲 속 어디선가 안타까웠다가, 깊었다가 다시 반듯했다
바람은 연약한 풀들을 데리고 놀았다
끈질기게 따라오고, 수줍게 가라앉고
한풀 꺾인 풀도 바람도 아늑하게 다정해졌다.

* 김지운의 소설 「가장 투명한 빨강」을 각색.

부딪치는 세상은 푸른색 화면이다

아이의 눈두덩이 시퍼렇게 돼서 돌아왔다.
처음이 아니므로 푸른색 화면은 익숙했다.
어머니는 평생 안전을 가르쳐왔다.
불장난을 못하게 하고
물가에는 데려 가지 않았고
아이들과 싸우지 말라고 신신 당부를 했다.
하지만 다툼의 채널은 무궁무진
낯익은 화면은 분명이 재생인 것이다.
싸움 장면을 떠올리는 것
익숙한 캡처 화면으로 받아들이는 것이다.
아버지는 피할 수 있는 일 조차
어떤 수를 써서라도 그 일을 해냈다.
배짱이 두둑하면 얻어터지는 것이다.
부딪치는 세상은 푸른색 화면이다.

| 제4부 |

끝이 훤히 보이는 것은 골목이 아니다

버킷리스트bucket list*

아버지 어머니
산과 들엔 그냥 꽃이 피고 집니다.
바람과 구름도 어제와 오늘이 똑같습니다.
벌과 나비 그리고 여자들의 이야기는 끝나지 않습니다.
바다 건너 사는 친구는 두루두루 연락이 됩니다.
개미와 베짱이 돌과 흙을 다루는 솜씨는 여전합니다.

자동차와 오토바이 경주는 지친 기색을 보이지 않습니다.
박수근의 빨래터에서 이중섭의 흰 소를 만나보셨나요.
봄은 안개 사이로 금방 사라져요.
여름은 겉이 얇아서 탈이네요.
가을 단풍은 늘 몸이 가볍습니다.
양쪽 주머니 달린 옷을 껴입을 일이 걱정입니다.
겨울은 뒤끝을 남기는 버릇이 있어요.
마당이 있고, 민들레잔디가 수북한 날, 오세요.
그때, 아버지 어머니.

* 버킷리스트 : 죽기 전에 꼭 해야 할 일이나 하고 싶은 일에 대한 리스트.

돌연, 변이

저는 소녀도 아니고 방울토마토도 아닙니다
자연의 노림수를 다 알고 있다고요
세상을 한 입에 털어 넣을 생각은 하지 마세요
저는 과일도 아니고 채소도 아니라고요
그냥 열매 중의 하나라고 생각하세요
자연은 요상함 덩어리였는지 모르잖아요
이건 장갑차 지나간 자국이려니
그건 무력으로 닫아놓은 입술이려니
저런, 돌연 변이를 모르신다고요
거짓은 방울방울 붉은 빛이 돈다고요
줄기를 위한 진실은 작고 푸른빛갈일까요
저는 소녀도 아니고 방울토마토도 아닙니다.

달맞이꽃

어두워지면 나타나는 달맞이꽃
어머니는 자꾸 뒤뜰로 나갔다
어머니는 모시나비였다
아버지가 폭력을 휘두를 때마다
아이는 주머니에 돌을 채우기 시작했다
아버지 폭음 때문에 문고리는 밤새 흔들렸다
어머니는 달 속으로 사라졌다
몇 년 지나지 않아
앞뜰에 달맞이꽃이 피기 시작했다
아이는 달맞이꽃에 돌을 던지고 있었다
앞뜰에도 돌무덤이 만들어졌다
어머니 무덤과 똑같았다.

數 싸움에 밀린 달

별은 손끝으로 수만 번을 헤이면서, 우리는 단 한 번 볏짚을 태우는 것으로 달에게 의무를 다했다. 별은 오랜 다툼 끝에서도 빛을 잃지 않고, 저희들끼리 다정한 눈빛을 주고받는다. 달은 한 보름 몸집을 줄여도 보고, 한 보름 몸집을 늘여도 보고 바다로, 호수로, 술잔으로, 여인의 눈동자로 수도 없이 별이 되는 꿈을 꾸었던 것인데. 어머니는 매일 밤 정 한수에 달을 모셔놓고, 누님은 달 타령을 불러쌓고, 아버지는 달빛 길쌈을 맸다. 나는 잠결의 새벽 세 시 달빛에 볼일을 봤다. 손가락으로 셀 수는 없는 별들이 한꺼번에 쏟아져 내렸다. 우리가 닿고자하는 곳은 별이었다.

판옵티콘*

카카오스토리 창을 열어 당신을 보고 있어요.
당신은 나를 볼 수가 없죠.
당신의 가슴에 손을 얹어 당신을 확대하고 있어요.
당신의 눈이 휘둥그레지네요.
당신은 내 친구의 친구에 친구에요.
친구의 친구에 친구가 소식을 남겼네요.
혹시, 프라이버시의 증발이 임박했다는
쓰나미 메일을 받아보지 못했나요.
출산에서 죽음까지 데이터베이스를 추가해요.
텔레스크린으로 당신의 이동궤적을 추적중이네요.
애플과 구글 어느 것을 선택하시겠어요.
당신 손안에 있는 나를 모르시겠어요.

* 1791년 제레미 벤담이 처음 제안한 개념으로 Panopticon은 '모두'를 뜻하는 pan과 '본다'라는 뜻인 opticon의 합성어로 한눈에 모든 것이 다 보이는, 그런 구조물로 원형감옥을 뜻한다.

앵월櫻月

앵두는 발갛게 익는 데만 꼬박 한 달이 걸렸다
꿈에서도 꼭 쥔 주먹은 펴지지 않았다
너무 잘 자라서 탈이네요
앵두는 안 열리고 입만 무성해 진다니까요
어른들은 웃자라는 가지를 모두 잘라냈다
잠을 잘 때도 앵두를 위해 주먹이 쥐어졌다
내가 태어난 집은 앵월에 남의 손에 넘어갔다
헛열매를 따내시던 어머니 손도
앵두물이 든 내 손도
주먹을 움켜쥐어야 겨우 잠이 들었다
앵월에는 바람소리도 눈물이 그렁그렁하였다.

염탐은 날카로움이다

소나무가 그녀의 방을 염탐한다

겉씨식물인걸 아는 그녀
어두워져야 그 방은 불이 켜진다

잠에서 깨어나는 그녀를 위해
부지런히 새순을 다는 나무
그녀의 커튼은 열리지 않는다

새들의 밤샘 토론도 이어진다
궁금증도 입이 잰 모양이다

훤히 들여다보이는 창을
넘지 못하는
염탐은 날카로움이다.

북으로 난 창문은 열리지 않았다

옛집 마루는 고작해야 서너 평, 흙벽의 반을 가르고 창문이 달려있다. 송판을 이어붙인 창문은 바람이 숭숭 드나들어 비닐을 덧대고 아예 못질을 해버렸다. 틈 사이로 소나무 그림자도 비치고, 참새 소리도 들을 수 있었다. 별빛, 달빛 다 어둠인 채로 지나가고 말았다. 어쩌다 들어오는 빛은 모두 칼을 쥐고 있어, 대남방송에 저절로 귀가 기울여 졌다. 1. 21 무장간첩 침투사건 이후 산이란 산 근처에는 얼씬도 못했다. 한번쯤은 뒷산으로 난 길을 멀리 가보고 싶었다. 살짝살짝 보이는 틈이 아니라 활짝 열리는 문으로 가보고 싶었다.

덩굴장미 담장이 있는 풍경의 오독

두려울 것 없다
몸을 더 가까이 붙이면
세상은 스스로 경계를 풀고
은밀한 구석을 믿어줄 것이다
이왕 마음을 먹은 것인데
꽃잎이 꽃잎을 누르듯이
술술 담장을 넘어라.

별것 없다
어깨를 한층 낮추면
시간도 잠시 숨을 멈추고
찐득한 애정을 지켜줄 것이다
이왕 곁을 내준 것인데
들숨 날숨이 섞이듯이
화끈하게 등을 들이밀어라.

덩굴장미 담장이 있는 풍경의 이해

담장은 담장의 역할에 대해 곰곰이 생각에 잠깁니다.
담장을 끌어안고 있는 장미가 안돼 보이기 때문입니다.

장미는 새순을 어디에 둘지 몰라 가시를 키웁니다.
가시는 담장이 상처입지 않을까 신경을 곤두세웁니다.

둘이는 꼭 부둥켜안습니다.
담장은 어깨를 내어준 것이고
장미는 담장을 지켜주려는 것입니다.

이것 보세요
다 끼어드는 바람 때문이라고요.

은근슬쩍
죽고 못 사는 사이인 것 같기도.

몇 개의 작은 상처들

—프리다 칼로

그냥 칼로 몇 번 찔렀을 뿐입니다, 판사님
스무 번도 안 된다고요.

겁내지 말아요, 리베라
다 말 할 필요 없다 구요
당신이 좋아하는 머리를 잘랐어요
당신 얼굴에서 불안이 떠나지 않는 한
감식반원들이 곧 들이닥칠 거예요
당신의 옷에 쾌락의 흔적이 남아있군요
저는 너무 깊은 슬픔과 권태에 빠져있어요
이번 일은 내 잘못이 컸다는 걸 알고 있어요
그가 원한 것을 이해하지 못했고
피할 수 있는 일에 맞섰기 때문이죠
이까짓 작은 상처 따윈 아무것도 아니에요
당신의 마음을 수선할 수 있다면요
죽지 않아요, 리베라.

토끼풀

땅을 기면서 자라는 버릇은 여전하지
진. 정. 쌍. 떡. 잎. 식. 물. 군. 이야
여러 해 동안 마디에서 뿌리가 내렸지
보통 세 잎인데, 언성이 높아질 땐 네 잎, 다섯 잎
혹시 네 잎 클로버를 찾으시나
잔디밭에서 밀려나지 않는 게 좋을 거야

그런데 토끼의 행동은 굉장히 외골수적 사고라는 거지. 위를 통과해도 씨는 죽지 않아. 다윗시대를 지나면서 무차별 토끼의 번식을 최소한 막아보자는 쪽으로, 풀들도 가끔 식탁에 오르면 소스 있는 토론을 하지. 이스라엘과 팔레스타인의 경우처럼 영토분쟁이나 정치적 문제에서 해답을 찾고자 하는 움직임은 별 도움이 안 되지. 나 같은 번식주의자는 금방 아는데, 무조건 흥분하고 그들의 접근을 막는다 해서 문제가 해결되는 것은 아니지. 그런 결과는 최소 번식주의나 최소 수정주의 쪽이 유리하지. 뒷다리 긴 토끼의 행동을 봤을 때 씨를 뿌리게 그냥 놔두지는 않을 거야.

벽조목

여름은 길게 눅눅했다

벼락 맞을 확률이 평생 육십만 분의 일
그 행운을 잡은 대추나무
두둑한 배짱 하나 집안으로 끌어들였다

그 나무가 벼락을 맞았던 정선 카지노에는
벼락을 맞고 싶어 줄 서기가 한창

이름값 좀 하자
계속 질문을 던지고 싶었다

마니차를 돌리듯 그의 곁을 맴돌던 아내가
집안이 습한 탓이라며
그의 앞에 숯 한 바구니 놓아준다.

유행성 결막염

한쪽 눈에 안대를 하고 달리는 도로는 이미 나비들의 천국이다. 끼어드는 나비마다 살랑살랑 꼬리를 흔든다.

홍줄나비. 기생나비. 번개오색나비. 홍점알락나비. 아기세줄나비. 눈많은그늘나비. 작은멋쟁이나비. 부처사촌나비.

나비는 낮에 활동하지만 종류에 따라 다른 것도 있다.
양지바른 곳을 나는 표범나비
숲 사이를 나는 뱀눈나비
저녁에 잔가지 주변을 도는 녹색부전나비는 별종이다.
호랑나비는 일정한 코스를 따라 난다고 한다.
그의 길목에 채집자가 있는 이유이다.

엉터리 비행을 하면서도 잡히지 않는 외눈이지옥나비가 악셀레이터를 밟는다
애호랑나비도 한바탕 경적을 울린다.
〉

이 숲에서 저 숲으로
한 통속이 되어버린 비행
한 번 걸리면 끝인
거미줄을 까맣게 잊고.

새와 바람과 솟대

날개가 있는 것은 다 떠났다
어제는 바람이 떠나고 오늘은 사람들이 떠났다
떠나지 못하는 새들은 풍경의 야바위놀이에 빠지고
바람은 운명적 소실이 안타까워 떠나지 못했다
산과 바다 그리고 나무들도 속는다
비가 오면 모두 공치는 날이다
해가 뜨지 않으면 바람도 불안하다
하염없이 天賦*의 경로를 탐색한 날은
어둠도 느린 걸음으로 찾아온다
끊길 듯 가련한 장대의 기다림이 흔들린다
바람 탓이 크다
날개가 있는 것은 다 떠났다.

* 천부天賦 : 주로 '천부의'의 꼴로 쓰여 하늘이 주었다는 뜻으로 선천적으로 타고남을 이르는 말.

수수밭을 지날 때

손이 닿는 것이 서먹하여
저만치 떨어져 걷는다.

한바탕 바람이 불자
잎 닿는 소리 싸르르 싸르르

수수는 이랑이랑 손을 걸고
아다지오풍의 연주로 풀어내는 것인데

손 뿌리치며 저만치 거리를 두고
말 한마디 못 붙이게 하는 심사

두 뼘이나 영근 이삭도
이마가 서로 닿을 듯하다.

연필, HB

그녀의 가계부에 끼어있다.
처음 그 중심의 눌림은 대단했다.
수없이 뒤적거린 페이지는 차츰 허름해졌다.
빈칸으로 있을 때 그것은 민들레 향이었다.
평생 발목이 잡히는 실수는 무리수 때문이다.
바깥세상으로 한 번 휘갈겨보지 못하고
얼먹을 대로 얼먹은 것이다.
사사건건 부딪치다보니 다툼의 끝도 뭉툭해졌다.
대충 넘겨왔던 페이지엔 붉은 스티커가 붙었다.
쓰임이 어긋난 항목은 반드시 복기를 하는 그녀
마침내 몽당이 되고, 그래도 쓰일 곳이 있다고
남은 한구석을 깎아대기 시작한다.
흑심이 연해진 뒤로는 입술을 거부 할 방법이 없다.

수락산

금류동金流洞 은선동隱仙洞 옥류동玉流洞 폭포
정조가 300일 기도를 올려 비로소 순조를 낳았다
무수한 발길들이 바람 같은 희망으로 이어졌다
금류동 계곡에는 물 대신 나뭇잎이 굴러 흐르고
바위에 걸터앉은 백발노인은 목이 타들어간다.

건강하시네요 어르신, 깔딱고개가 말을 걸어온다
그가 엉덩이를 털고 다시 가벼운 걸음을 옮기면
건조한 아이들은 재잘재잘 어미 손을 놓지 않는다
물이 흐르지 않는 산은 속으로 물길을 더듬고 있다.

끝이 훤히 보이는 것은 골목이 아니다

술래인 나는 골목의 끝을 잘라내고 싶었다
골목은 더디게 사라지는 것을 도왔다

무 궁 화 꽃 이 피 었 습 니 다

한발 한발 점자를 짚어가듯 모퉁이 돌아설 때
누군가 반대편에서 경계가 느슨할 때를 노렸다

이쪽이야 이쪽

고장 난 냉장고의 문을 닫고 씩씩한 속도로
그림자가 사라지는 것을 보았다

서로 비슷비슷하게 기웃거리는 골목
가깝지만 아득히 먼 틈이 벌어진다.

|해설|

불통의 역설과 교감의식

—정남석의 시

최광임 | 시인

우리는 안녕한가. 물질을 으뜸으로 생각하고 감각을 중시하는 즉물적 사회풍조 속에서 우리는 잘 살고 있다 할 수 있는가. 우울증 환자가 급증하고 하루 평균 40여 명 넘게 자살을 하는 사회를 건강하다고 말할 수 있는가 말이다.

그렇다. 우리는 안녕하지 않다. 서로를 들여다보지 않을 뿐 아니라 자아몰입의 시간마저 놓친 채 일상의 삶 자체가 분주하고 부산하다. 감정의 쓰임과 효용에 둔감하여 정신적인 교감 속에서만 형성할 수 있는, 정신 활동의 산물이란 감정을 고양시키는 방법조차 서툴다. 상대적 결핍에 시달리거나 평온 속 불안을 앓으면서도 이미 길들어 있는 감각적 이미지와 함몰되어버린 삶의 외형에서 쉬이 벗어나지 못한다. 결국엔 한 공간에서도 소통이 부재하고 개인의 고립감은 극대화된다.

정남석 시인이 주목하는 시선, 바로 이 지점이다. 교감이다. 사람과 사람의 교감, 사물과 사물과의 교감, 사물과 사람 간의 교감을 시도함으로써 불통의 사회를 진단하고 억압적이고 폭압적인 것들로부터의 탈주하고자 하는 의식을 고취한다. 사물에게 말을 걸고 그것에 생명을 부여하여 주체화시키는가 하면, 탈주 이전의 것들과 단절로 끝내는 것이 아니라 화해를 시도하려는 노력이 보인다. 즉, 현대사회의 병증을 사회구조적인 것으로 간주해버린 순응 자세가 아니라 불통을 조장하는 것들을 향한 과감한 비틀기를 견지한다.

1. 불통

구석을 응시하자 구석은 슬며시 문을 닫는다.
문을 열고 닫는 일
경계를 알아가는 일조차 구석은 흥미로운 면이 없다.

막무가내로 열어야 할지
구차한 변명을 늘어놓아야 할지
수백 개의 얼굴로 문밖에서 안달했을 때

구석은 뒷소문을 알려주지 않았다.

염세주의와 허무주의 갈피에서
손때 묻은 고민을 하다가 하얀 백지를 내밀었을 때
구석은 뚜렷한 경계를 짚어주지 않았다.

비밀의 행간도 거기서 거기라고
빛의 방향이 좌우로 살짝 어긋날 때
구석은 본능적으로 반응하는 것이다.

구석은 은밀함을 부둥켜안는다.

구석은 순진하지 않다.

—「구석은 순진하지 않다」 전문

일반적으로 구석이란 무관심과 소외라는 개념을 내포하고 있다. 중심으로부터 벗어나 있기 때문에 비시각적인 것은 당연하며 보이지 않으므로 구석도 중심을 보지 않았을 것으로 간주한다. 보지 않았으므로 알지 못하며 무지하다고까지 여길 수 있는 것이다. 그러므로 구석 스스로도 관계에 능숙하지 못하다고 여기는 측면이 발생한다. 일정부분 맞는 관찰들이다. 보여주지 않았으므로 보지 않았으며 보지 않았기에 알지 못하는 것은 당연하다. 알지 못하므로 어떤 일을 대하는 자세에 멈칫거림이 있을 수밖에 없다. "구석을 응시

하자 구석은 슬며시 문을 닫"아 버리거나 "경계를 알아가는 일조차 구석은 흥미로운 면이 없다". 잘못된 관계의 형성으로 인한 고착된 고정관념이다.

정남석은 이 일반적인 개념을 뒤집는다. 구석은 "비밀의 행간도 거기서 거기라고" 여기며, "본능적으로 반응하는 것"이다. 구석은 "은밀함을 부둥켜 안"은 존재이고 심지어 "순진하지 않다". 언제나 중심이 기본이라고 여겨온 우리의 고정관념에 대한 전복이다. 사실은 구석의 입장에서 본다면 중심이 기본이 아니라 구석이 중심의 기본이었던 것이다. 행위자는 결코 볼 수 없는 '은밀함'은 관찰자만의 것이 가능한 이유이다.

> 고양이 중심은 부뚜막
> 고양이 중심은 언저리다
> 무쇠가마솥 언저리가 고양이 중심이다
> 언저리는 얌전한 걸음을 받아준다
> 고양이는 언저리라고 생각이 들면 자리를 잡는다
> 언저리는 얌전한 고양이를 믿는다
> 얼마나 멀리 살금살금 돌아온 길인가
> 중심에서 멀어질수록 고양이 반응은 차갑다
> 부뚜막에 먼저 오른 고양이
> 사람들은 고양이를 핀잔한다.

—「언저리」 전문

정남석은 관계들 간의 불통의 원인을 기득권 혹은 강자들이 지니고 있는 선민의식이 타부류에 대한 몰이해나 폭압으로 양산되기 때문이라고 본다. '부뚜막'은 '사람'과 '고양이' 사이의 매개물이나 문명으로 강자인 사람의 것이다. 그러므로 고양이가 사용할 공간은 사람의 영역을 거스르지 않는 선에서만 가능하다. 고양이에게 부뚜막은 아무 때나 함부로 올라갈 수 있는 곳이 아니라 "살금살금 돌아"와야 하는 조심스럽고 불안한 곳이다. 언제나 사람이 우선이며 사람의 눈치를 살펴야 한다. 사람에게 부뚜막은 그깟 언저리이나 고양이에게는 중심이므로 사용하지 않을 수도 없다. 그런 고양이의 부뚜막 사용에 대하여 사람들은 너그럽지 못하다. 그뿐 아니다. 사람과 사람의 관계에서조차 억압과 소외가 자행되고 자신들의 울타리인 중심에서 내몰고자 하는 상대를 고양이에 비유하여 야유하고 조소하기를 서슴지 않는 것이다.

폭압은 부뚜막의 고양이 정도로 끝나지 않는다. 「길고양이」는 '얌전한 고양이 부뚜막에 먼저 오른다'는 속담을 미덕쯤으로 간주할 만큼 조소와 비하를 심화시킨다. "높은 곳은 어디든 기어오"르는 고양이의 습성을 빗대어 오로지 현실적인 욕망을 좇아 삶의 목적을 설정하고 매진하는 여자 혹은 존재에 대한 비하이자 야유이며 소외시킴이라는 폭력을 행사하는 것이다.

시인의 칭호를 얻은 그는 여자에게 빠졌다
끝없는 반항과 모험의지에 취한 절망의 어머니
시를 사랑했으므로 어머니는 재혼을 했다
그의 유전적 항체는 상징주의 기호를 가졌다
모든 애정과 증오는 시를 통해서 교감했다
아버지의 문장 서술부분은 시에 의해서 생략됐다
시적 행간은 순수한 거짓말들로 어리둥절했다

—「보들레르 알레르기」 부분

정남석의 「보들레르 알레르기」는 강자의 몰이해나 폭압으로 인한 소통의 부재 등이 한 사람의 성격 형성에 어떻게 영향을 미치며 삶을 지배하게 되는지를 전제로 한다. 6세 때 68세인 늙은 아버지의 죽음과 어머니의 재혼 그리고 군인이었던 계부의 절도 있고 권위주의적인 성격이 보들레르를 평생 고통과 우울, 모멸감, 비참함이란 정서의 지배 속에 살게 했다. "내 인생은 처음부터 저주받았음에 틀림없어요. 게다가 이것은 평생 계속 됐지요."(『보들레르-저주 받은 천재 시인』, 살림출판사, 2006)라고 술회할 만큼 일생을 증오와 환멸 속에 살았다. 그의 시집 『악의 꽃』 또한 죽음의 강박관념, 자신에게 내재되어 있는 악마적 성격과 악의 존재를 인정하게 만드는 문학과 악의 상호관계에 집중함으로써 프랑스 제2제정 시대 이후 '보들레르 알레르기'를 야기시킬 만큼 불온한 책으로 알려졌을 정도이다.

이렇듯 문제적 의식으로 인식된 '보들레르 알레르기'는 정남석이 이번 시집을 아우르고 있는 시의식의 기본 모티프로 삼고 있다 해도 과언이 아니다. 즉, '보들레르 알레르기'에 내재되어 있는 의식을 재생 투사시킴으로써 현대사회 속 현대인의 신경증적 삶의 문제를 상기시키고자 한 것으로 볼 수 있겠다.

이 밖에도 정남석은 어머니의 태반 속에 있을 때, 무의식 내에 형성된 이미지, 즉 그 무의식을 충족하는 공간에 감싸듯이 들어 있을 때, 우리는 평화로움을 느끼게 된다고 말한 바슐라르의 요나콤플렉스를 차용하기도 한다. 권위적이고 몰이해적인 아버지에 의해 유년엔 좋아하는 그림을 포기하고 살았으나 다시 그림을 그리게 됨으로써 찾게 된 평화로움을 묘사한다. 마치 무의식 속 고향을 찾은 듯한 의미의 시 「요나 콤플렉스-박송우 화백의 심상풍경 '섬'」이다.

이밖에도 톨스토이의 아내에 대한 폭압을 그린 「톨스토이 증후군」이나 파시즘에 저항하던 프리모 레비의 이야기를 담은 「손돌목·6」, 아버지의 어머니에 대한 폭압 그 폭압이 아이에게로 유전 된 내용을 담은 「달맞이꽃」 등, 여러 작품 속에 관계 간의 폭압 내지 몰이해와 소통 방식의 부재로 인한 현대사회적 병증과 불통의 다양한 양상들을 그리고 있다.

2. 말 걸기

시인이란 수많은 행성의 하나인 지구에서 우주의 원리를 대리하는 자를 자청하여 얻은 이름이기에 내 생의 고통을 내 생의 것으로만 강조해서는 안 되며 사회적 곡비의 의무를 져야 하는 자이다. 슬픔에 겨운 이를 대신하여 울어야 하며, 입 다문 이에게 말 걸기를 통해 대화할 수 있어야 하고 세상의 이치를 노래해야 하는 자이다. 그러므로 시인은 사회의 부조리에 눈 감아서는 안 되며 기꺼이 펜을 들어야 하는 존재이다. 그 길에 완성이란 없으며 죽는 날까지 과정으로서 존재할 뿐이다.

정남석 또한 그 소명을 이행하기 위해 과정 중에 있는 시인으로 보인다. 사람이든 사물이든 말을 걸어 그것만의 실체를 드러내도록 하는가 하면 환유시킴으로써 존재를 존재답도록 한다.

아버지 어머니
산과 들엔 그냥 꽃이 피고 집니다.
바람과 구름도 어제와 오늘이 똑같습니다.
벌과 나비 그리고 여자들의 이야기는 끝나지 않습니다.
바다 건너 사는 친구는 두루두루 연락이 됩니다.
개미와 베짱이 돌과 흙을 다루는 솜씨는 여전합니다.
자동차와 오토바이 경주는 지친 기색을 보이지 않습니다.
박수근의 빨래터에서 이중섭의 흰 소를 만나보셨나요.

봄은 안개 사이로 금방 사라져요.
여름은 겉이 얇아서 탈이네요.
가을 단풍은 늘 몸이 가볍습니다.
양쪽 주머니 달린 옷을 껴입을 일이 걱정입니다.
겨울은 뒤끝을 남기는 버릇이 있어요.
마당이 있고, 민들레잔디가 수북한 날, 오세요.
그때, 아버지 어머니.

—「버킷리스트bucket list」 전문

시 「두꺼비」에서 "아버지도 말 뿐이었던 마당 있는 집"이 나오는 것으로 보아 시인이 되었든 화자가 되었든 가족사를 유추해 보자면 가난이라는 두터운 벽이 유년을 지배했을 것으로 보인다. 따라서 「버킷리스트」에서도 "마당이 있고, 민들레잔디가 수북한 날" 그때 오시라는 아버지 어머니께 전하는 안부는 충분히 필생의 꿈으로 삼을만한 것이 된다. 보들레르의 삶을 통해 알 수 있듯 누구나 유년의 환경이 가한 삶의 상처 내지 결핍은 일생의 의식을 좌우하게 된다. 다행히 유년의 경험이 물질에 기인한 것이었다면 정남석처럼 치유할 수 있는 기회를 갖게 되기도 한다. 다만 시의 정황상 아버지 어머니의 부재를 짐작할 수 있겠기에 버킷리스트의 실현은 불가능한 상태라는 것에 시적 비의가 더한다.

그럼에도 확실한 것은 꿈 꿀 수 있게 되었다는 그 자체만으로 이미 충분한 치유인 셈이다. 대체적으로 상처가 깊을 땐 부분 기억 상실에 걸리기도 하며 그 부분에 대한 언급 자체를 꺼리기도 한다. 그에 반해 정남석의 꿈은 부재한 부모에 대한 편지글 형식의 말 걸기를 함으로써 유년의 상처가 회복 가능 상태에 이르렀다는 것으로 판단할만하다.

또한 여기서 '버킷리스트'의 아버지 어머니는 정남석 개인의 부모로 국한하기보다 우리 시대의 부모님과 자식에 대한 이야기로 확장 가능하다. 우리의 현대사적 의미로 볼 때 가난은 어느 개인만이 처한 특수 상황이 아니었기 때문이다.

얘야, 꼭 붙들어라

비로소 아버지의 나무도 흔들렸다
바람은 바람을 몰고 왔다
잎이 많아서 뿌리는 걱정이 많았다
바람은 나무의 복원능력을 시험한 것은 아니었다
가지 몇 개가 바람에 떨어져 나갔다
새들도 차츰 발걸음을 끊고
남은 가지는 어금니를 깨물었다
새순이 돋기 전에 잎은 마르기 시작했다
결코 안전하지 않은 흔들림
높으면 높을수록 파장은 컸다

애야, 어서 내려와라.

―「미루나무」 전문

의도치 않은 바람의 폭압에 쓰러져가는 미루나무의 상황을 그리고 있다. 이것은 위기에 처한 한 가정이 몰락해 가는 과정으로 환치해도 무방하겠다. 여기서 주목할 것은 「달맞이꽃」에 나오는 폭압적인 아버지가 아니라는 점이다. 사회적 시기를 잘 못 만나 아버지의 힘이 흔들리게 되고 "높으면 높을수록 파장"이 커지듯 위기를 대비하는데도 속수무책이다. 마침내 아무것도 지켜주지 못하게 되었을 때 아버지 스스로 어린 잎들을 나무에서 내려놓는 비극적 상황이 벌어진다.

"애야, 꼭 붙들어라" 말했으나 '복원 능력'을 상실해 버린 아버지는 끝내 "애야, 어서 내려와라"라는 말로 파산의 종말을 고한다. 여기서 아이는 마지막 순간까지 굳건하고 싶었던 아버지의 모습을 보고 있었음이 분명하다. 물론 프롬은 유년의 정신 병리적 판단을 하는 데 있어 한두 가지 사건이나 경험에 지나치게 비중을 두는 것은 옳지 않다고 주장했지만, 대부분의 심리학자들은 마음의 병이나 정신장애의 원인을 어린 시절의 충격적인 경험에서 찾는 경향이 있다. 이 같은 전제로 볼 때 아이는 이미 상처의 치유력이 내재해 있는 것으로 볼 수 있다. 숨은 화자가 재현하는 아버지의 음성이든 아버지의 직접적 언술이든 말을 걸게 됨으로써 비극적 과거로부터 빠져나오는 작업을 스스로 수행할 수 있게 됐다는 점이다. 병든 사회일수록 아버지를 권위주의적 성격의 소유자로 만들기 쉽고 이어 가족을 학대함으로써 가정을 병들게 하기 쉽다. 모름지기 관계란 몰이해와 폭압이 아니라면 언제든 회복 가능한 것으로 아버지와 아이 사이에 형성되었을 유대감이 기본적으로 존재하고 있겠기 때문이다.

이러한 말 걸기는 여러 작품에 걸쳐 나타난다. "뿌리는 속으로 어떤 생각의 여분을 모으는 중일까", "물을 주는 방식이 틀린 것일까"라는 관심과 반성이 담긴 혼잣말과 기다려도 꽃이 피지 않는 것에 대한 염려로 존재의 가치를 살려내려는 의도를 담은 시 「철골 소심」이나 "정조가 300일 기도를 올려 비로소 순조를 낳았다"는 산의 유래를 전해 듣고 "무수한 발길들이 바람 같은 희망으로 이어졌다"는 수락산 계곡을 오르내리며 "건강하시네요 어르신, 깔딱고개가 말을 걸어"오면 "건조한 아이들은 재잘재잘 어미 손을 놓지 않"고 "물이 흐르지 않는 산은 속으로 물길을 더듬고 있다"는 「수락산」 등, 사물의 환유적 비유를 통해 관계의 회복을 꾀하고자 한다.

3. 교감

역사 이래 현대 자본주의는 가장 부조리한 사회를 형성하

였으며, 우리로 하여금 인류 역사상 가장 심각한 고립과 불통을 앓게 되었다고 프롬은 말한다. 과거에 앓던 신경증과는 차원이 다르다는 것이다. 따라서 내 정신건강은 그 환경에 적응하느냐 그렇지 않으면 그것으로부터 벗어나고자 하는 변혁을 꾀하는 것이냐에 달려있다. 그럼에도 다행인 것은 특별한 이유가 없는 한 병적인 환경에 저항하고자 하는 것이 사람의 본성이라는 점이다. 정남석의 시의식이 닿아있는 지점이라 할 수 있겠다.

소라의 소원은 노래를 불러보는 것이다
바람도 소라의 이야기 들으려 모래언덕에 모인다
사막에선 소라의 황홀한 진실을 들을 수 없다
사막은 모래가 소리들을 모아놓은 것이다
모래에는 소리가 붙어있다
소라는 모래를 꿈꾸게 했다
모래는 서로 발목을 잡고 소라에게 귀 기울인다
소리가 필요하다는 것을 소라는 모를 까닭이 없다
소라에 귀 기울이는 것보다
흩어지지 않는 노력이 중요하다
귀를 기울이는 것이 소라에 대한 존중이다.

—「귀는 소라 쪽으로」 전문

'꿈'과 '노력' 그리고 '존중'이란 단어가 함의하는 것은 변혁을 꾀하고자 하는 인간 본연의 강력한 의지를 내포하고 있다는 점이다. 부조리한 현실로부터 탈피하고자 하는 노력은 먼저 자신 삶의 의미에 대한 깊은 성찰 없이는 안 된다. 나아가 타인의 삶과 우리의 공동체적 연대성에 대한 의식의 반성 없이는 이룰 수 없는 일이다. 그것이 밑바탕이 되지 않았을 경우 꿈은 한갓 이상에 지나지 않게 될 뿐 아니라 나의 현실과 꿈의 경계를 잇지 못하여 또 다른 병증을 양산할 뿐이다. 존중 또한 나의 정체성이 건강할 때 타자를 향한 존중으로 확장시켜 나갈 수 있는 법이다.

「귀는 소라 쪽으로」에 나오는 '소라' '모레' '바람'이라는 개별적 존재들은 바로 '노래'와 '소리'로 모아지는 '꿈'을 이루기 위해 연대한다. 개별자로서는 존립조차 간단치 않은 존재들이다. 그럼에도 한 가지만은 분명히 알고 있다. 혼자의 힘으로는 미약하고도 미약하므로 "서로의 발목을 잡고", "흩어지지 않는 노력"이 중요하다는 것을 인식하는 일이다. 모레는 이미 모레들의 삶의 의미에 대한 깊은 성찰을 끝냈다. 그리고는 모레를 꿈꾸게 한 소라와 연대하는 일만이 남았음을 인식한다. 이제 모레들은 소라가 꿈을 이룰 수 있도록 기다려 주기만 하면 되는 것이다. 모레들은 소라가 소리를 가질 수 있을 때까지 흩어지지 않도록 노력하며 소라에게 귀 기울여 주는 것, 존재의 본성을 들여다봐주고 그것의 가장 매력적인 것을 살려내려는 시도로 타자에 대한 존중과 연대의식이 만들어내 내는 희망이다.

나누라고 하면 아이들은 계산으로 나누고 어른은 정으로 나눕니다
아이들은 정해주는 걸 좋아하지만
감나무에는 이름표를 붙이지 않기로 했죠
누구 것은 안 달리고 누구 것은 많이 달리면 안 되잖아요.

―「아지랑이」 부분

건강하고 건전한 사유만이 관계들 간의 분쟁을 사전에 예방할 수 있는 법이다. 현대사회의 병증 중 하나는 이 '분쟁'으로부터 야기되었다는 것을 알아야 한다. 개인의 욕망과 사회적, 물리적인 것들 간의 '계산'에 의한 마찰이 빚어낸 결과이다. 그러므로 일생에 영향을 미칠 수 있는 유년의 성장과정에 분별력 있는 어른들의 교육이 삶의 일환으로 이루어져야 한다. 부모나 가족들의 끊임없는 영향과 사회 전체적인 환경에 의해서 인간 심리가 형성되기 때문이다. 다시 말해 영향이든 악영향이든 환경이 계속적으로 제공될 때 가능하다는 말이 된다.

"나누라고 하면 아이들은 계산으로 나누고 어른은 정으로 나눕니다" 요즘의 세태를 반영한 문장이다. 요즘 아이들은 모임을 갖더라도 각자 먹은 만큼의 음식값을 계산하는 것을 당연하게 여긴다. 그런 습관이 오래 지속되면 관계의 연대는 형성될 수 없다. 그 점을 염려한 어른은 "감나무에는 이름표를 붙이지 않기로" 결정했다는 것이다. 제공되는 환경

의 영향을 '계산'에서 '정'으로 조정해가기 위함이다. 그래야만 「귀는 소라 쪽으로」처럼 바람과 모레와 소라가 꿈꾸던 연대의식이 형성될 것이기 때문이다. '존중'은 관계 간 교감을 형성하는 데 있어 없어서는 안 될 요소이다. 씨앗과 같은 발아 지점이자 최종인 열매와 같은 요소인 것이다.

> 할아버지와 도대체 무슨 이야기를 한 거니.
> 꼬마가 해맑은 얼굴로 대답했다.
> 아무 이야기도 하지 않았는데요.
> 전 그냥 할아버지가 우시기에 같이 울었을 뿐이에요.
>
> —「노인과 꼬마」 부분

현대인의 존재 양식 가운데 하나가 불안이다. 앞서도 말한 바와 같이 불안은, 성과사회로 인한 경쟁과 불평등이 야기하는 현대사회학적 영향을 입은 불안이기도 하나 인간 본성에 내재되어 있는 불안의 영향도 적잖다. 인간의 능력으로 견제할 수 없는 불가항력적 영역이란 생로병사의 진행이다. 그것은 생의 나이와 무관하게 찾아오는 것이므로 그 앞에서 담대해지는 이는 극히 드물다.

「노인과 꼬마」의 노인의 난폭함이 바로 그것이다. "암 선고를 받은 뒤부터 할아버지는 난폭해지기 시작했다"에서 알 수 있듯 평소의 노인은 난폭한 사람은 아니었으나 암 선고를 받은 후부터는 가족뿐 아니라 치료진에게까지 난폭해진 심각한 존재로 전락했다. 문제는 노인이 가졌을 억울함 내지 불안은 차치하고라도 난폭해진 노인을 이해하는 환경이 아니라는 점에 있다. 노인의 암과 노인의 난폭함을 분리해서 이해해서는 안 됨에도 불구하고 가족이나 치료진조차 암에 걸린 노인은 이해를 하지만 난폭해진 노인은 이해하지 않는 것이다. 암은 인간의 노력으로 할 수 없는 불가항력적인 것인데다 노인이 겪고 있을 불안에서 파생된 난폭함까지 감안하여 노인을 이해하고 위로했어야 한다. "전 그냥 할아버지가 우시기에 같이 울었을 뿐이"이라는 소년의 이야기가 의미심장한 이유이다.

정남석의 시선이 가 있는 지점이기도 하다. 사회의 불안전이 증폭될수록 부조리한 폭압에 항거할 수 있는 힘을 갖는 일은 대상들 간의 말 걸기와 소통 의지를 상실하지 않는 것이라는 점을 강조하는 것이다.